STITCH VAI TE CONQUISTAR, UM 'ALOHA' PARA VOCÊ!

'OHANA SIGNIFICA FAMÍLIA, FAMÍLIA SIGNIFICA
NUNCA ABANDONAR OU ESQUECER.

NADA COMO UM DIA NA PRAIA PARA RELAXAR!

STITCH ADORA DIVERSÃO...

**COM UM SORRISO, PODEMOS ILUMINAR
ATÉ MESMO A MAIS ESCURA DAS NOITES.**

ÀS VEZES, ATÉ MESMO STITCH E ANGEL PRECISAM DE UMA PAU-
SA PARA REFLETIR... OU PARA COMER BISCOITOS!

**QUANDO TUDO MAIS FALHA,
EXPERIMENTE FALAR 'ALOHA'!**

**PARA STITCH, CADA DIA É UMA NOVA
AVENTURA ESPERANDO PARA ACONTECER!**

UM ABRAÇO PODE CONSERTAR ATÉ MESMO
OS CORAÇÕES MAIS QUEBRADOS.

QUANTA FOFURA!

**NADA PODE DETER O PODER DO
AMOR VERDADEIRO E PURO.**

**PREPARE-SE PARA UM MONTE DE TRAVESSURAS,
PORQUE STITCH ESTÁ A BORDO!**

CUIDADO COM O ABRAÇO DE URSO...
OU MELHOR, DE ALIENÍGENA!

O AMOR É A LINGUAGEM UNIVERSAL
QUE TODOS PODEMOS ENTENDER.

**LEMBRE-SE, COM STITCH POR PERTO,
A MONOTONIA NUNCA É UMA OPÇÃO!**

ALOHA!